OBJECTIONS

CONTRE

L'INTRODUCTION D'ENGAGÉS NOIRS

EN ALGÉRIE.

ET

RÉPONSE

A UNE LETTRE DE M. DE CHANCEL, AUTEUR DU PROJET.

PAR

M. JULES DU PRÉ DE SAINT-MAUR.

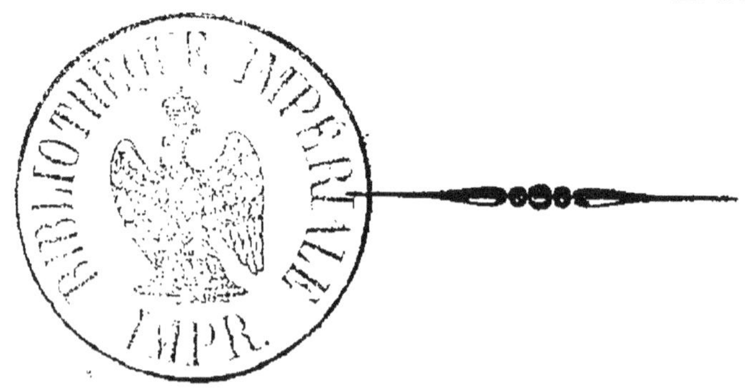

Paris

LIBRAIRIE INTERNATIONALE
DE L'AGRICULTURE ET DE LA COLONISATION
110, Rue de Richelieu.

1858

Dans la séance du 26 avril 1858, la *Société centrale de colonisation* mettait à l'ordre du jour la discussion d'un mémoire qui lui avait été adressé par M. Ausone de Chancel.

Le mémoire portait pour titre :

D'une immigration de noirs libres en Algérie.

Avec cette épigraphe :

« *Et renovabis faciem terræ.* »

La position administrative de l'auteur, sous-préfet à Blida, son remarquable talent comme écrivain en collaboration avec M. le général Daumas, directeur des affaires de l'Algérie, donnaient à ce mémoire une importance toute particulière.

M. de Chancel proposait en substance :

1° De tirer du Soudan, par le moyen des caravanes, 100,000 nègres adultes, hommes et femmes, avec leurs enfants, à raison de 30,000 environ par année ;

2° De les faire acheter par l'Etat et déclarer libres à leur arrivée ;

3º De les obliger au travail pendant dix ans, dont deux se passeraient dans des ateliers de l'Etat, où on les formerait, et huit chez les colons, a titre d'engagés. Au bout des dix années, les nègres seraient autorisés à retourner chez eux.

Il m'a semblé que ce projet n'offrait qu'illusions et dangers. J'ai cherché à démontrer, dans les discussions du 26 avril et du 10 mai, que ce n'était ni la rareté ni le prix de la main-d'œuvre qui entravaient la colonisation, et que l'agriculture pouvait tirer un meilleur parti des ouvriers blancs que des noirs. M. de Chancel ayant plus tard, dans une lettre adressée au *Moniteur de la colonisation*, combattu les diverses attaques dirigées contre son projet, je lui ai répondu par la voie du même journal.

Aujourd'hui j'extrais des procès-verbaux de la Société le compte rendu des paroles que j'ai prononcées le 26 avril et le 10 mai. J'y joins ma réponse à M. de Chancel, et je soumets ces pièces aux personnes qui s'intéressent aux progrès de l'Algérie, heureux si je pouvais contribuer à éclairer l'opinion publique sur les besoins véritables de la colonisation.

OBJECTIONS

CONTRE

L'INTRODUCTION D'ENGAGÉS NOIRS

EN ALGÉRIE

SOCIÉTÉ CENTRALE DE COLONISATION

Séance du 26 avril.

M. DU PRÉ DE SAINT-MAUR repousse le projet de M. de Chancel qui a, suivant lui, le double tort d'adresser à l'immigration blanche des reproches immérités, et de proposer pour l'immigration noire un plan dont le résultat infaillible serait de la discréditer à tout jamais.

Quatre propositions surgissent de l'exposé du projet :

1º L'introduction d'engagés noirs est-elle indispensable à l'Algérie ?

2º Cette introduction serait-elle du moins grandement utile ?

3º Les bras européens se refusent-ils à venir en Algérie ?

4º Ces bras sont-ils impropres ou insuffisants pour coloniser ?

Avant d'entrer, au sujet de l'introduction des noirs, dans les questions de principe et d'utilité, M. de Saint-Maur tient à combattre l'idée de M. de Chancel d'enrégimenter les familles et de les placer sous l'autorité absolue de chefs militaires de tous grades, faits pour commander à des hommes célibataires comme eux, mais moins bien placés vis-à-vis des femmes, et peut-être mal choisis pour enseigner à celles-ci l'exacte observation des devoirs de la famille.

L'omnipotence à l'égard de subordonnés de tout âge et de tout sexe peut être pour ces chefs une source de tentations trop dangereuses, et le souvenir des inconvénients qu'à tort ou à raison on a prétendu s'être produits lors de la création des villages parisiens devrait suffire pour faire rejeter bien loin toute organisation de ce genre. L'introduction de 100,000 noirs, proposée par l'auteur du projet, n'aurait que trop de rapport avec cette colonisation parisienne restée fameuse, et, entreprise sur une échelle aussi gigantesque, elle serait, malgré les bénéfices de 200 pour 100 annoncés, bien plus ruineuse encore pour l Etat.

A quelques proportions qu'on la réduise, cette introduction ne se heurte pas moins à des difficultés de tous les genres. Nos mœurs se font difficilement, dans les lieux où l'on n'a pas connu l'esclavage, à l'idée d'engagés soumis à un régime de travail forcé, qui, pour des noirs surtout, rappelle de bien près le régime de la servitude. Aussi, pour rassurer l'opinion, a-t-on senti le besoin de soumettre ce régime à un ensemble de mesures protectrices à la fois du maître et de l'engagé ; mesures applicables, non sans difficultés, dans les ateliers nombreux des vastes exploitations coloniales, mais qui auraient grand'peine à suivre des nègres isolés chez une foule de petits cultivateurs. On sait assez qu'en Algérie on a morcelé le sol livré à la colonisation, et que les grandes exploitations qui contrariaient certaines idées favorites n'ont pu s'y créer qu'en nombre infiniment restreint. En supposant que l'agriculture parvînt à retirer d'engagés noirs un secours réel, ce secours ne serait donc accessible qu'au petit nombre des grands propriétaires. Serait-il prudent, en vue d'un si minime avantage, de s'exposer à froisser à ce sujet des opinions bien puissantes dans la mère-patrie, quand la colonisation de l'Algérie y compte encore tant de détracteurs et d'opposants ?

En effet, au point de vue humanitaire comme à bien d'autres, le système de l'engagement des noirs est loin de concilier en France tous les avis ; ses nombreux adversaires soutiennent que si la condition des noirs demandés à l'Afrique dans ce but est rendue aussi bonne que possible, cette demande d'esclaves, bien qu'on les affranchisse, n'en contribue pas moins à activer la traite dans l'intérieur du pays des noirs, en vertu de ce principe, que plus un article est recherché, et plus la fabrication s'en accroît. Ses partisans soutiennent que la répression de la traite n'a nullement fait cesser les guerres entre les tribus nègres; qu'au lieu de vendre les prisonniers, on les massacre, et qu'ainsi l'humanité n'y gagne rien. On cite l'exemple de Madagascar, où la traite a pu être complétement abolie, et où les prisonniers de guerre que cette traite eût achetés sont égorgés par milliers, parce qu'on ne sait plus qu'en faire. Le gouvernement français, qui vient d'autoriser l'importation de noirs engagés pour les Antilles, a, sans aucun doute, pesé mûrement le pour et le contre dans la question; aussi M. de Saint-Maur s'abstient-il de toute objection quant au principe même.

Seulement, il pense que son application à l'Algérie dans les circonstances actuelles, serait forcément très-restreinte, par suite d'une utilité bien limitée dans tous les cas, et de plus contestable aux yeux de beaucoup de personnes: qu'enfin, cette application risquerait de susciter à l'Algérie, dans l'opinion publique, plus d'ennemis qu'elle ne lui apporterait de secours.

Si l'introduction d'engagés noirs, continue M. de Saint-

Maur, est d'une utilité douteuse, à plus forte raison ne saurait-elle être déclarée indispensable, comme le fait l'auteur du projet. On a dit que le Sahara ne pouvait être peuplé par la race blanche ; mais les Arabes qui l'occupent ne sont pas de race noire, et y a-t-il lieu, d'ailleurs, de se préoccuper du peuplement du Sahara quand le Tell est encore désert. Au Sahara appartiendra peut-être la production du coton courte soie sur une immense échelle ; mais pendant longtemps la population actuelle pourra y suffire. Quant à la production du longue soie, du coton de haute valeur, qui exige le voisinage de la mer, c'est au Tell qu'elle est réservée, et le Tell est tout aussi habitable que l'Espagne pour la race européenne.

Maintenant, cette race refuse-t-elle d'y venir, comme l'avance M. de Chancel qui ne voit que ses noirs pour créer des villages prêts à recevoir des hôtes européens *« jusqu'ici vainement attendus ? »* Si une centaine seulement de ces hôtes, prenant M. de Chancel au mot, venait lui demander l'hospitalité sur le territoire qu'il administre, et réclamer, non pas un village tout prêt, mais simplement quelques hectares de broussailles, il y a gros à parier que M. de Chancel serait fort embarrassé, et répondrait qu'il n'a pas de terres disponibles.

M. le général Jusuf, commandant la province d'Alger, ne faisait-il pas annoncer dernièrement dans les journaux, que l'administration s'occupait de préparer de nouveaux centres de population, mais que les colons ne devraient pas venir avant l'époque qu'il désignait, parce qu'ils ne trouveraient pas de place ? Dans cette province comme dans les autres, l'administration reçoit dix fois, vingt fois plus de demandes qu'elle n'a de lots à concéder, et partout où il y a chance d'obtenir de la terre, « il y a des colons qui se la disputent d'avance, et qui at-» tendent la pioche à la main. » (Chambre d'agriculture d'Oran.) Dans les ventes aux enchères, la foule des concurrents fait souvent monter les prix à un taux imprudent. On peut mettre au défi de citer un point sur lequel des terres aient été annoncées comme disponibles, sans qu'elles fussent aussitôt demandées : c'est la chose notoire en Algérie, et parfaitement connue des administrateurs, qui se plaignent d'être fort embarrassés pour choisir entre les solliciteurs. Aux chercheurs de concessions, on répond qu'il faut attendre, tantôt que l'on ait cantonné les Arabes, tantôt que le service topographique ait fini de lever le terrain ; et Dieu sait quels retards entraînent dans toutes les affaires ces levées du service topographique, non parce que celui-ci manque de zèle, mais parce qu'il n'a qu'un nombre d'employés tout à fait insuffisant. On entend les organes de la publicité gourmander sans cesse la masse de l'émigration française qui préfére traverser tout l'Océan pour gagner l'Amérique, et chercher fortune sur un sol étranger, plutôt que de se porter vers l'Algérie, si voisine de la Franee, et sur laquelle flotte le drapeau national. Il ne serait pas difficile d'expliquer les causes de la préférence donnée à l'Amérique ; mais ce que l'on peut affirmer, c'est que si cette émigration, changeant son cours, voulait prendre son chemin vers l'Algérie, l'administration serait réduite, par la force des choses, à lui barrer ce chemin, attendu qu'elle n'est aucunement en mesure de la recevoir. Que ferait-elle, en effet, en face d'un flot pareil, alors qu'elle ne peut pas même suffire à caser l'émigration actuelle obligée d'attendre souvent des mois, et parfois des années avant d'obtenir une chétive place sur un territoire pourtant à demi désert ? En présence de faits semblables, qu'attesteraient au besoin tous les colons de l'Algérie, par quelle étrange distraction faut-il donc expliquer cette accusation d'absence formulée contre la race européenne, non par un publiciste écrivant au loin, mais par un administrateur du pays ? Au nom des familles qui ont épuisé leurs épargnes à stationner à la porte des bureaux algériens, dans l'espoir, toujours ajourné, d'être mises en possession d'un lot de terre ; au nom de tant d'hommes qui ont regagné la France faute de trouver une place en Algérie, il serait temps de faire justice des reproches adressés sans cesse à la mauvaise volonté de l'émigration française. La foule des solliciteurs de terre proteste contre ces reproches. Non, il n'y a pas de villages *qui attendent vainement des hôtes* ; non, les colons européens ne se refusent pas à peupler l'Algérie, et la Chambre d'agriculture d'Oran a raiso

de répéter chaque année : « Ce ne sont pas les bras qui
manquent à la terre, c'est la terre qui manque pour la colonisation. »

Les lenteurs et les difficultés qui entourent la délivrance des terres, sont doublement fatales à la colonisation, car elles dégoûtent à la fois les bras et les capitaux.
On ne saurait nier que ces derniers, nullement embarrassés pour trouver un emploi, n'éprouvent, en vue de bénéfices dont on ne leur a présenté encore aucune preuve
palpable, qu'une attraction fort médiocre pour l'Algérie.
De quelque façon qu'on la motive, cette absence de capitaux paralyse en Afrique toutes les entreprises, car l'argent est le nerf de l'agriculture, aussi bien que de la
guerre. Est-ce aux capitaux qu'il faut s'en prendre ? On
les accuse de manquer de patriotisme, de ne se préoccuper que du gain et de courir partout après lui ; et cependant ces capitaux cosmopolites, si ardents à la recherche
de toute occasion de bénéfice, hésitent dès qu'il s'agit de
l'Algérie, et ne se gênent pas pour dire qu'ils n'y trouvent ni bon accueil, ni rémunération suffisante. Les bras,
au contraire, en dépit de tous les obstacles, ont été jusqu'ici invinciblement séduits par l'espoir de parvenir à
la propriété. Malgré les déceptions d'un grand nombre,
malgré le taux des salaires, inférieur à celui de la vallée
du Rhône qu'ils trouvent sur leur chemin, malgré les
privations et le rude labeur qui les attendent dans un pays
neuf, sous un climat nouveau, ces bras arrivent toujours, tant l'appât d'un peu de terre est puissant sur le
cultivateur français. Pour combien cet appât est-il un
vain leurre qu'ils ne peuvent saisir, ou qu'il leur faut
bientôt abandonner, il est inutile de le dire ici ; mais toujours est-il vrai que là se trouve le secret de l'arrivée des
bras, l'unique ressort de l'émigration ouvrière, ressort
que l'on risque beaucoup d'affaiblir en rendant la possession du sol si difficilement abordable, et qui pourrait
même se détendre complétement, si, par suite de ces difficultés, le courant, malheureusement assez fort de ceux
qui repartent, faute d'avoir trouvé à se caser en Afrique,
grossissait assez pour refouler le courant des arrivants et

porter la contagion du découragement dans toutes les campagnes de la mère-patrie. C'est en prenant les mesures convenables pour diminuer ce reflux vers la métropole des émigrants mécontents, que l'on procurera de la façon la plus sûre à l'agriculture algérienne les bras dont elle a besoin. Des engagés, comme les Chinois et les Indiens, cultivateurs laborieux et habiles, rendraient un réel service, moins par leur nombre que par l'introduction de cultures et de procédés inconnus des Européens; mais sous ce rapport, il n'y a pas grand'chose à tirer des nègres, et si ces nègres, il faut le reconnaître, bravent impunément les fièvres paludéennes, ils sont en revanche les plus apathiques de tous les travailleurs.

L'Européen au contraire, et en particulier le Français, garde son énergie sous toutes les latitudes. Il est, sans doute, des points du globe où cette énergie ne le conduirait qu'à mourir avec courage; mais à coup sûr, rien de pareil ne se produit dans le Tell algérien. Quand le colon est enfin parvenu à obtenir de la terre, qu'il possède le petit pécule nécessaire pour la mettre en valeur, et que cette terre est suffisamment étendue pour le faire vivre, trois choses qui devraient marcher ensemble, mais dont la réunion ne se rencontrent pas toujours, il ne trouve dans le climat, à moins d'imprudences, aucun obstacle qui puisse l'empêcher de réussir. La population agricole est déjà assez nombreuse pour en fournir une preuve péremptoire. On parle beaucoup des fièvres; mais ces fièvres, qui sont loin d'exister partout, se rencontrent aussi trop souvent en France, et l'on peut dire, de la plupart des colons qu'elles emportent, que la misère et le désenchantement avaient fait d'avance une bonne partie de la besogne.

Dans une précédente séance, continue M. de Saint-Maur, lorsqu'il a avancé que le manque de bras dont on parlait beaucoup, n'était pas réel, on lui a répondu que par suite du voisinage de l'Espagne et du Maroc, la province d'Oran qu'il habite, pouvait être plus favorisée à cet égard; mais que les plaintes étaient trop nombreuses et trop vives pour n'avoir pas de fondement.

C'est d'Alger, et pendant le temps de la moisson, que

partent surtout ces plaintes, répétées ensuite de confiance par tous les journaux. Or, il s'est passé à Alger même, il y a un ou deux ans, un fait de notoriété publique qui donne la mesure de leur valeur. M. le préfet d'Alger, dans sa sollicitude pour l'agriculture et trompé par le bruit qui se faisait autour de lui, s'adressa, pour la moisson, aux ouvriers du Midi de la France, leur promettant un passage gratuit d'aller et de retour et leur annonçant des salaires de 5 à 6 fr. par jour. La presse, sur tout le littoral méditerranéen, s'empressa de répéter cet appel, et des moissonneurs en certain nombre, accoururent à Alger. Mais il se trouva que personne n'en avait un bien pressant besoin, car on ne leur offrait que 2 fr. 50 à 3 fr. ; à ce prix, qu'ils eussent trouvé chez eux, ce n'était pas la peine de quitter leurs foyers. Aussi, après une attente inutile, ils repartirent presque tous, maudissant la déception dont on les avait rendus victimes, et depuis, M. le préfet d'Alger s'est bien gardé de renouveler un semblable appel.

Si la province d'Oran se recrute d'Espagnols, celles d'Alger et de Constantine trouvent des ressources aussi abondantes dans les Kabyles, excellents travailleurs qui se contentent de salaires bien moins élevés que ceux des Espagnols.

M. de Saint-Maur a lu comme tout le monde, dans plus d'un journal, que durant les années dernières, un quart, un tiers des céréales avaient été perdues, faute de bras pour les couper ; mais depuis quatorze ans, il n'a jamais rien vu de semblable, et si cela était exact, les moissonneurs de M. le préfet d'Alger auraient vraiment joué de malheur.

M. Frédéric Lacroix demande la parole et déclare qu'il a vu dans la province de Constantine, chez les Arabes, des blés encore sur pied au mois de septembre.

M. de Saint-Maur répondant à M. Lacroix, déclare aussi qu'il a vu dans la province d'Oran la même chose, il y a deux ans, le 10 septembre, mais sur une étendue minime : cela ne tenait pas au manque de bras, mais à l'insouciance des indigènes. Le blé dur ne s'égrène pas, les Arabes en avaient beaucoup, et faisaient fête et fantasia sans se préoccuper de terminer leur moisson.

Si en Afrique on se disputait les ouvriers, le gouvernement ne demanderait pas à ceux qui sollicitent un passage, de justifier qu'à leur arrivée ils seront employés chez un colon déjà établi : il n'eût pas, à diverses reprises, été contraint d'organiser des ateliers de charité, avec l'aide du génie et des ponts et chaussées. Ces deux services qui exécutent des travaux immenses, et qui ont de l'argent pour les payer, ne recevraient pas tant de demandes d'emploi.

Pour prouver que l'agriculture manque de bras, on a eu le tort de généraliser des faits particuliers, tout locaux et essentiellement momentanés ; puis, il faut bien le dire, plus d'un propriétaire en retard dans l'exécution de ses engagements a mieux aimé crier qu'il manquait de bras qu'avouer qu'il manquait d'argent. Parmi ceux qui se plaignaient le plus haut, il y en eût eu de bien embarrassés si on les eût mis en demeure d'occuper les ouvriers dont ils déploraient si fort l'absence. Si les agriculteurs étaient riches, les salaires réguliers et abondants, la question des bras n'en serait plus une, car les capitaux savent bien faire venir les bras, tandis qu'il n'est pas au pouvoir des bras d'entraîner les capitaux.

Au fond de cette question des bras, comme de bien d'autres, on retrouve inévitablement le défaut de capitaux. Manque de capitaux, manque de terres, voilà les deux plaies, les plaies vives de la colonisation ; il serait funeste de chercher à les dissumuler. Tant qu'on se fera illusion sur le mal, on se fera illusion sur les remèdes.

On a voulu systématiquement mettre en valeur un grand pays avec des masses d'hommes forcés, attendu qu'ils n'avaient rien, à tout demander à l'Etat, et l'on a créé une pauvre agriculture, ruineuse pour l'Etat comme pour ceux qui la font, parce que malgré les lourds sacrifices du budget, on n'a pu la doter du capital sans lequel il n'y a pas d'agriculture fructueuse.

Systématiquement aussi, et par opposition à la grande propriété, on a fractionné le sol à l'excès pour condenser la population, et l'on n'a trop souvent condensé que la misère, parce que l'on a surchargé le sol. Impuissance des colons sans avances, impuissance de la terre morcelée, c'est-à-dire impuissance de tout côté et pour tout, en un mot, une nouvelle Irlande (l'image est de M. de Tocqueville) ; tel est, sur bien des points, le résumé d'une situation qui, heureusement, découle d'un système faux, et non de la force des choses. On conviendra que l'introduction de 100,000 noirs en Algérie n'y changerait pas cette position des blancs.

Il est sans doute, et en certain nombre, d'heureuses exceptions, dues surtout à la colonisation libre, précisément parce qu'elle est libre, qu'elle possédait des capitaux, et que, s'installant à ses dépens, elle a pu obtenir plus d'espace. Ce qu'on a surnommé l'uniforme de 10 hectares de la colonisation officielle n'a été que trop souvent la livrée de la misère. Ceux qui consentaient à l'endosser n'étaient pas, à coup sûr, des capitalistes, et on les forçait, par l'exiguité des lots, à faire, dès le début, de la culture intensive, celle de toutes qui exige le plus d'avances. On s'est montré à leur égard bien plus avare de terres qui ne coûtaient rien à l'Etat que de l'argent du Trésor. Combien de villages, créés à grands frais, étouffent ainsi dans leur uniforme !

Des capitaux et de l'espace, voilà les auxiliaires dont la colonisation a besoin. Il ne s'agit pas de demander les capitaux à l'Etat, qui n'a déjà que trop pris le rôle des particuliers, en bâtissant des maisons, en défrichant des terres, et négligé ce qui était dans son rôle, les voies de communication par exemple. C'est l'industrie privée qui doit fournir les capitaux, et elle est prête à le faire, pourvu qu'ils lui soient payés en terres sur une échelle convenable.

En allant au fond des choses, la délivrance des terres se trouve donc la clef de toute colonisation. Cette clef, l'Etat seul la tient puisqu'il a voulu qu'on ne pût acquérir que de lui. Il a assumé du même coup la responsabilité entière du sort de la colonisation. Cet espace, vie de la colonisation, y aurait-il péril pour l'Etat à l'accorder ? Il serait difficile de le craindre, quand on songe à l'étendue du pays et au petit nombre des habitants. Malheureusement, si bien des hommes et des systèmes se sont succédés en

Algérie, on y retrouve toujours cette idée fatale que concéder de la terre, c'est octroyer une faveur, donner une fortune, que les concessioonaires sont trop heureux d'obtenir.

Les ruines ont beau succéder aux ruines, si nombreuses déjà qu'on ne saurait plus les compter, on ne veut pas reconnaître qu'une concession n'est qu'une occasion de risquer ce que l'on possède, un instrument de travail difficile à manier, dangereux souvent et parfois meurtrier. Parce qu'en France la terre a une valeur et un revenu, on suppose que les colons, qui, en Afrique, la reçoivent *pour rien*, en ont toujours assez grand et doivent être toujours assez riches. En vain la gêne, pour ne pas dire la détresse, du plus grand nombre proteste contre ce raisonnement ; on oublie qu'en France même les défrichements de terres incultes ont ruiné bien des gens, et l'on veut marchander le sol aux capitaux qui s'offrent, aux bras qui arrivent, comme si ce sol avait une valeur autre que la somme de travail et d'argent qu'y appliqueraient les acquéreurs. On s'écrie qu'il ne faut pas gaspiller les terres ; mais le gaspillage véritable ne serait-il pas de les détenir sans profit pour la colonisation. Dans ce pays du mirage, il n'y en a pas de plus trompeur, pour l'admnistration et pour les arrivants, que celui produit par ces mots : *la terre pour rien.*

Si l'opinion n'est pas encore désabusée à ce sujet, les hommes qui ont colonisé à leurs frais le sont depuis longtemps. Ils savent à quel prix revient cette terre, et si le concessionnaire échappe à la loi qui a condamné l'homme à gagner son pain à la sueur de son front. Ce n'est qu'à force de travail, d'argent, d'énergie et de persévérance que de rares agriculteurs sont arrivés à un modeste succès. Pour rendre ce succès plus général, la voie la plus rapide n'est pas d'introduire des noirs, mais de distribuer libéralement la terre et de la vivifier en facilitant l'arrivée des capitaux.

Séance du 10 mai.

M. du Pré de Saint-Maur demande la parole pour répondre aux lettres relatives à la question des bras en Algérie, lettres dont il a été donné connaissance au com-
mencement de la séance, et qui ont été écrites par des
propriétaires de la province d'Oran.

En formulant l'opinion qu'il a émise à ce sujet, M. de
Saint-Maur s'attendait bien à rencontrer de nombreux
contradicteurs. Il n'a pas craint cependant d'aborder cette
question, parce qu'elle est d'une importance capitale, et
qu'il serait vraiment utile de la dégager de toutes les illusions, de tous les malentendus qui la présentent sous un
faux jour.

M. de Saint-Maur se félicite d'avoir vu à cette séance
l'honorable secrétaire général, M. Garbé, ancien préfet
d'Oran, apporter dans cette discussion tout le poids de
son expérience. M. Garbé a attesté que, pendant les années de son administration, il a entendu les mêmes plaintes au sujet du manque de bras, et que cependant il a été
obligé, à diverses reprises, de distribuer des vivres, des
secours à une partie de la population ouvrière, et de demander le concours des ponts et chaussées et du génie
pour créer de l'ouvrage au moyen de véritables ateliers
de charité. Alors, ainsi qu'aujourd'hui, vers le temps de
la moisson, les bras avaient peine à suffire au travail; la
moisson terminée, le travail manquait aux bras, et l'administration était alternativement assaillie de plaintes
périodiques, tantôt par les ouvriers, tantôt par les propriétaires.

Il est juste de faire remarquer que les propriétaires,
plus en relations que les ouvriers avec les organes de

la publicité, sont, par suite, plus en mesure de faire retentir bien haut leurs plaintes ; mais si celles des ouvriers font moins de bruit, parce qu'elles ne courent pas les journaux, elles sont cependant bien plus nombreuses et surtout bien plus fondées. Les ouvriers n'auraient pas de peine à démontrer que jusqu'ici, pendant une partie de l'année, beaucoup d'entre eux manquent d'ouvrage, et à expliquer pourquoi, en toute saison, ils hésitent à aller travailler sur certaines localités ou chez certaines personnes ; ils ont, du reste, une façon énergique et péremptoire de protester, en repassant la mer par milliers. Ces retours en France, dont les avocats du manque de bras se gardent bien de parler, inexplicables si les ouvriers étaient aussi recherchés, les salaires aussi élevés qu'on veut bien le prétendre, et que pourtant il faudrait expliquer, sont chose non moins désolante qu'incontestable. Il y a là un fait de la plus haute gravité qu'il ne faut pas perdre de vue dans le débat.

Avant d'aborder la discussion, M. de Saint-Maur doit faire remarquer que son exploitation d'Arbal appartient complétement à la catégorie des « *fermes éloignées des centres de population qui ne peuvent*, dit-on, *avoir des ouvriers qu'à des prix exagérés,* » puisqu'elle se trouve à huit lieues d'Oran et à quatre lieues de toute autre habitation européenne.

Elle est donc loin de jouir de facilités et de ressources exceptionnelles pour se procurer de la main-d'œuvre ; si elle est privilégiée, comme on le prétend, parce qu'elle trouve des bras aux prix qui ont été indiqués, elle ne le doit pas du moins aux séductions du voisinage des villes ; la discipline y est exacte, le travail énergique et régulier, et cependant elle reçoit beaucoup plus de demandes d'emploi qu'elle ne peut en accueillir ; lorsqu'elle crée de nouveaux logements d'ouvriers, elle n'a pas à se préoccuper de leur chercher des habitants.

Il doit faire remarquer encore qu'aucun agriculteur, en Afrique, n'emploie plus de main-d'œuvre que lui, et n'a par conséquent plus à gagner à ce que cette main-d'œuvre soit aussi abondante, aussi économique que possible. Son intérêt n'est pas autre que l'intérêt bien entendu de tous les propriétaires, et c'est au nom de cet intérêt commun qu'il demande à ses honorables contradicteurs la permission de les combattre.

Qu'a t-il avancé ? Que, « en général, on trouve toujours des ouvriers, en nombre suffisant et à un taux raisonnable, lorsque ces ouvriers sont bien traités, régulièrement payés et constamment occupés ; » que si, durant la moisson, on est à court de bras, pendant le reste de l'année beaucoup d'ouvriers cherchent en vain du travail, et retournent en France faute de pouvoir gagner leur pain ; que le remède à cet état de choses, doublement fâcheux, se trouverait moins dans une introduction nouvelle de travailleurs, bientôt chassés à leur tour du pays par la misère, suite inévitable des chômages, que dans l'adjonction aux céréales de cultures diverses se prêtant mutuellement les bras, garantissant à ces bras des salaires pendant toute l'année, et empêchant ainsi du même coup les chômages et les départs ; que le coton était éminemment une de ces cultures, et qu'il ne rencontrait d'obstacles sérieux ni dans le taux des salaires comparés aux salaires de l'Amérique, ni dans le nombre des bras, qui augmentent chaque année, et qu'il réclame précisément pendant les chômages ; que le succès de cette culture serait assuré par la continuation des encouragements de l'État, et détruit par la cessation des achats. A l'appui de ces diverses propositions, M. de Saint-Maur a cité des faits et des chiffres fournis par son exploitation, qui marche depuis douze années.

Il est évident que cette esquisse à grands traits de la situation agricole d'un pays peut ne pas s'appliquer à toutes les situations individuelles. Il suffit qu'elle soit exacte pour l'ensemble.

Maintenant, pour établir que M. de Saint-Maur est dans l'erreur, les lettres contestent-elles les chômages et le départ chaque année d'un grand nombre d'ouvriers ? Non, car cela eût été difficile. Prouvent-elles que les travaux réguliers des exploitations placées dans des conditions ordinaires soient entravés par le défaut d'ouvriers ? Pas davantage. On y prend la question à l'ouverture des grands travaux agricoles, quand les bras sont demandés de tous côtés, et on affirme de la manière la plus positive que la main-d'œuvre manque, que les salaires sont trop élevés. Pour le démontrer, on allègue que les faucheurs demandent 3 à 4 francs, les autres ouvriers 2 fr. 50, et qu'à l'Habrah il a fallu payer fort cher pour la cueillette du coton.

Mais les lettres ne disent pas tout ; elles omettent deux choses : la première, c'est que les fièvres, en frappant d'une façon inouïe les 9/10es de la population agricole, ont causé cette année, dans les conditions ordinaires de la main-d'œuvre, une perturbation complète qui sera passagère, mais qui se fait sentir gravement, parce que beaucoup d'ouvriers n'ont pas encore repris leurs forces. M. de Saint-Maur, qui en ce moment parle tout en ayant la fièvre, et qui, dans son exploitation d'Arbal, l'une des moins maltraitées, n'a compté que trois pertonnes, sur environ deux cents, non atteintes par l'épidémie, peut attester combien la situation a été difficile pour toute la province. La seconde, c'est que les fauchaisons et surtout la culture, dans les marais de l'Habra, constituent des travaux particulièrement malsains, et qu'un très-grand nombre d'ouvriers ne veut s'y livrer à aucun prix.

Ces deux faits sont de nature à modifier singulièrement la question. Faudrait-il apprécier les conditions de main-d'œuvre et de salaires de l'industrie en France par celles que sont forcées de subir les industries insalubres ?

Y a-t-il lieu de s'étonner si des faucheurs demandent 3 ou 4 francs, non pour exécuter les fauchaisons d'une ferme, mais pour aller en général s'installer au loin dans des bas-fonds marécageux, coucher sur la terre humide, boire de mauvaise eau, et finir trop souvent leur campagne par l'hôpital? Lorsqu'on a vu, pendant l'automne dernier, les fièvres paludéennes tuer, dans les plaines de l'Habra, le cinquième de la population, on peut être surpris, non que la cueillette du coton ait coûté cher sur ce point, mais que l'on soit arrivé à la faire à n'importe quel prix.

Exécuter dans de pareilles conditions sanitaires, sur le point le plus désert et le plus malsain du pays, la récolte de cinq à six cents hectares de cotonniers est un véritable tour de force qui témoigne à la fois de l'indomptable énergie des colons et des ressources en main-d'œuvre de la province. On comprend aisément que de pareils dangers à courir entraînent pour les marais de l'Habra une élévation dans les salaires.

Si les contradicteurs de M. de Saint Maur avaient bien voulu lire attentivement ce qu'il a dit, dans la séance du 29 mars, ils pourraient se rappeler les phrases suivantes :

« Les ouvriers européens n'ont jamais fait défaut à M. de Saint-Maur, et pourtant il ne les paye pas plus de 2 fr. à 2 fr. 50, sans nourriture, et 30 fr. par mois avec nourriture.

» *Sur des points malsains, les salaires s'élèvent, sans doute, et même les ouvriers peuvent manquer parce qu'ils refusent d'y aller.* Mais il est permis de dire, en général, que l'on trouve toujours des ouvriers en nombre suffisant et à un taux raisonnable, lorsque ces ouvriers sont bien traités, régulièrement payés et *constamment occupés.* »

M. de Saint-Maur ne peut que confirmer ces phrases, et faire remarquer qu'en l'attaquant on se tait sur la question de l'occupation régulière des ouvriers. Or, voici comment les choses se passent : la fauchaison finie, les entrepreneurs de fourrage se hâtent de congédier leurs faucheurs ; le coton ceuilli, les planteurs de l'Habra, qui ne font guère que du coton, renvoient de même leur monde et ne gardent que bien juste ce qu'il en faut pour la culture, soit le cinquième environ de ce que la cueillette exige.

Au premier besoin, on veut retrouver des ouvriers toujours prêts et attendant au port d'armes ; on veut les avoir à son jour et à son heure, les prendre en masse et les congédier de même, sans s'inquiéter de la façon dont ils ont pu gagner leur vie la veille, ni de celle dont il la gagneront le lendemain. Si ces ouvriers refusent de se rendre sur des points malsains, s'ils demandent que le salaire de la journée de travail paye les dettes de la journée de chômage, on déclare que le pays manque de main-d'œuvre, que les salaires sont trop élevés. On réclame à grands cris une population de travailleurs qui devra offrir toujours des bras, mais à laquelle on se dispensera de fournir toujours du travail.

L'Algérie ne peut pourtant pas prétendre à avoir plus de facilités de main-d'œuvre que la mère-patrie, et croit-on qu'en France même l'agriculture n'a pas à compter avec l'obligation de faire vivre d'un bout de l'année à l'autre la population dont elle a besoin? Croit-on que les cultivateurs y trouvent autour d'eux des ouvriers en nombre indéfini; qu'il leur est loisible de les prendre ou de les congédier à leur guise, et que, dans la combinaison de leurs cultures, ils ne sont pas contraints à limiter les unes, à développer les autres, pour occuper constamment les bras sans dépasser la quantité disponible. Ce que l'on a osé faire de cultures à grande main-d'œuvre, dans les déserts de l'Habra eût effrayé en France. La hardiesse, sans doute, doit être le lot des colons algériens ; mais il faut de la mesure dans les meilleures choses; il faut, surtout, ne pas oublier qu'il est inutile d'appeler des ouvriers si on ne leur assure pas le pain de l'année. Vaut-il mieux le leur faire gagner par douze mois de travail, au moyen de cultures diverses fournissant successivement de l'ouvrage, ou ne les employer que six mois et les payer pour douze? La situation peut se résumer en ces termes, et le meilleur parti à prendre en ressort assez clairement.

Est-ce à dire que cette solution soit sans difficultés. M. de Saint-Maur, qui est parvenu à l'appliquer chez lui, est loin de le prétendre. Seulement, il affirme à son tour qu'il faut la poursuivre énergiquement, parce que d'elle dépendent la vie de l'agriculture et le seul abaissement possible des salaires. Si l'on eût consacré à cette recherche le temps employé à des lamentations stériles sur la rareté et la cherté de la main-d'œuvre, on serait sorti du cercle vicieux dans lequel on ne cesse de tourner.

Le projet de M. de Chancel a malheureusement poussé quelques esprits dans une voie bien différente. Mais avant de le prôner comme le salut de l'Algérie, s'est-on un peu rendu compte de tout ce qu'entraînerait pour un propriétaire l'emploi d'engagés noirs. Au premier coup d'œil, on n'a vu dans ce projet que l'arrivée de travailleurs fort commodes, parce que l'Etat en ferait les frais et que les colons en retireraient les bénéfices. Malheureusement les choses ne se passeraient pas tout à-fait ainsi. Il faut assurer aux engagés une maison, un jardin, un salaire régulièrement payé d'un bout de l'année à l'autre, et pourvoir aux frais de maladie. L'Etat intervient pour surveiller l'exécution rigoureuse du contrat. Beaucoup de colons hésiteraient avant de signer un contrat semblable, et ils auraient raison, car, à de pareilles conditions, les engagés européens afflueraient, et les ouvriers blancs porteraient envie aux noirs.

Les nègres, dit-on, seraient payés fort peu ; mais les Arabes se payent moins que les Français, et cependant on ne les emploie guère, parce qu'ils travaillent encore moins qu'ils ne gagnent. Pense-t-on que les nègres seraient plus ardents au travail ? On réplique qu'on les y forcerait. Le travail forcé, voilà le grand mot, la clef de voûte du système, le progrès que l'on propose pour l'agriculture. S'imagine-t-on que l'on a enlevé leur fouet aux commandeurs des colonies pour le mettre aux mains de nouveaux commandeurs algériens ? Il faudrait donc créer une légion de surveillants *ad hoc*, et s'adresser à l'administration, qui viendrait faire la police. Les colons se plaignent d'avoir déjà trop de débats avec elle et ils iraient ainsi au devant de perpétuelles discussions?

Mais, dit on encore, le système des engagements fonctionne dans les colonies. C'est que là le régime de l'esclavage a légué au régime des engagements des habitudes qui n'existent pas en Algérie et que l'on n'y supporterait pas. De plus, ce qui est possible pour des ateliers de 200, de 400, de 600 noirs n'est pas applicable sur de petites concessions.

C'est à la tête d'une population blanche et libre que

M. de Saint-Maur a créé son exploitation d'Arbal. C'est par la pratique de cultures diverses et soignées, par l'emploi d'ouvriers bien payés et gagnant bien leur salaire qu'il a la confiance d'en assurer le succès.

LETTRE A M. GARBÉ

DIRECTEUR DU MONITEUR DE LA COLONISATION,

Insérée dans le numéro du 7 juillet 1858.

Monsieur le directeur,

Vous trouverez peut-être la question soulevée par M. de Chancel assez grave pour que la discussion se continue encore dans le *Moniteur de la Colonisation.* Je vous prierais, en ce cas, de vouloir bien accueillir ma réponse à la lettre insérée dans le numéro du 9 juin, lettre dans laquelle M. de Chancel combat les objections que j'ai présentées au sein de la Société de colonisation contre le projet dont il est l'auteur.

Il y a témérité, pour un agriculteur, s'il est comme moi, plus habitué à diriger des cultures qu'à manier la plume, à aborder les discussions et la publicité. Il se trouve bien vite engagé dans la polémique plus qu'il ne l'eût voulu et plus que ne le permettent les loisirs dont il peut disposer. Aussi mes confrères éprouvent-ils en général une véritable répugnance à parler et à écrire. Malheureusement le rude métier de colon algérien ne laisse ni liberté ni repos à l'homme qui s'y dévoue : la division du travail n'existe pas pour lui. Déjà forcé à être tout ensemble agriculteur, industriel et commerçant, il

se voit encore contraint parfois à se transformer en publiciste pour faire connaître ou pour défendre les intérêts de la colonisation. Si, dans cette tâche d'Hercule, il
est trahi par ses forces, il a lieu du moins de compter sur
un peu d'indulgence. La question des bras est vitale pour
l'Algérie. Il y aurait urgence à ce qu'elle fût enfin déga-
gée de toutes les fausses données qui ont cours en
France. J'espère que la discussion actuelle pourra y contribuer : en prenant de nouveau la parole, je puise dans
cet espoir et mes motifs et mon excuse.

M. de Chancel me pardonnera, j'espère, d'avoir attaqué
son projet. Il ne saurait, j'ai besoin de le croire, supposer un seul instant que j'aie perdu le souvenir de nos
bonnes relations, lorsqu'il habitait la province d'Oran.
Pour lui comme pour mes autres honorables adversaires,
en combattant à regret les opinions, je serais désolé de
froisser les personnes. Nous cherchons tous l'intérêt général : si la divergence des avis est profonde, la discussion ne saurait être que loyale et courtoise.

M. de Chancel me reproche « d'argumenter sur un malentendu. » Il cite quelques lignes de sa brochure ; je lui demande la permission de citer à mon tour. Après avoir énu-
méré toutes les créations qui sortiraient des mains de ses
cent mille nègres, routes, défrichements, hameaux, villages,
il ajoute (page 48) :

« Ces hameaux et ces villages seraient tout prêts à recevoir des hôtes, jusqu'ici vainement attendus, effrayés qu'ils
sont de risquer leurs femmes et leurs enfants et de se risquer eux-mêmes, hors de vue du coq de leur clocher, pour
se lancer dans cet inconnu qu'on leur a dit peuplé de lions
et de panthères... »

Il est impossible d'avancer plus clairement que les colons sont vainement attendus en Afrique ; qu'ils n'y vien-
nent pas parce qu'ils sont effrayés de se risquer.

«Je parlais, dit M. de Chancel, de villages tout à fait con-
ditionnels.» J'admets parfaitement que ses villages, comme
son projet, sont et seront toujours chose de pure imagina-
tion. Mais, j'en prends à témoin tous ceux qui ont lu le passage que je viens de citer, y a-t-il quelque chose de condi-

tionnel dans le reproche jeté à la face de l'émigration européenne, dans l'expression d'hôtes jusqu'ici vainement attendus, effrayés qu'ils sont de se risquer, dans la lettre de France citée en note dans la brochure pour prouver cet effroi? Pouvait-il, d'ailleurs, être question d'hôtes, d'hôtes attendus, et surtout *attendus vainement jusqu'ici*, pour des villages à venir dont les maçons sont encore à Tombouctou? Que M. de Chancel, obligé de reconnaître, ainsi qu'il le fait, qu'il serait, comme les administrateurs ses collègues, fort embarrassé pour trouver quelques hectares de broussailles encore disponibles, et que, par conséquent, dans l'œuvre de la colonisation, ce ne sont pas les colons qui se montrent en retard ; que M. de Chancel, dis-je, obligé de reconnaître tout cela, se soit aperçu que son reproche portait à faux, on le comprend sans peine et il eût pu l'avouer. Mais qu'il veuille faire passer la chose pour un malentendu de ma part, je ne saurais en aucune façon l'admettre.

Lorsqu'au nom des milliers d'hommes qui ont regagné la France, faute de pouvoir obtenir un morceau de terre en Algérie, je réponds : Non, il n'y a pas de villages qui attendent vainement des hôtes; non, les colons européens ne se refusent pas à peupler l'Algérie. Ce ne sont pas les bras qui manquent à la terre, c'est la terre qui manque aux bras, M. de Chancel s'écrie : Qu'ai-je dit autre chose?

Je lui en demande pardon, mais, comme on vient de le voir, il a bien dit tout le contraire. Il le dit encore quelques lignes plus loin, en reproduisant cette phrase de mes contradicteurs : « Je l'affirme de la manière la plus positive ; la main-d'œuvre manque, les salaires sont trop élevés. » Comment! après avoir déclaré avec moi tout à l'heure que les bras ne manquent pas à la terre, il affirme maintenant que *la main-d'œuvre manque* ! Manque, et pour quelle chose donc? Pour l'industrie, pour le commerce, apparemment ; mais pas à coup sûr pour la terre, puisque M. de Chancel soutient avoir dit, comme moi, que c'est la terre qui manque aux bras.

En face de ce manque de terre, n'est-ce pas 100,000 hectares bien plus que 100,000 nègres dont la colonisation a beesoin ?

Il est vrai que M. de Chancel déclare s'unir à moi pour réclamer des capitaux et de l'espace ; mais je constate que, quant aux capitaux, nous ne les demandons pas à la même source, puisqu'il veut les puiser dans le Trésor. Aux 300 millions du projet de M. le général de Chabaud-Latour, il lui faut ajouter au moins 150 autres millions nécessaires pour l'achat et l'éducation de ses nègres ; total, 450 millions à tirer du budget.

Je comprends parfaitement que le budget fasse les frais des ports, des routes, toutes choses qui ne sont pas du ressort des particuliers. Mais lorsqu'il ne peut déjà pas suffire à cette tâche, et l'état des routes africaines le prouve surabondamment, aller lui demander 150 millions de plus pour bâtir des maisons et défricher des terres, par des mains blanches ou noires, mais toujours à ses frais, me semble une idée regrettable. On ne saurait la motiver que par l'impuissance ou par la mauvaise volonté constatée de l'industrie privée ; et où donc sont les preuves de cette mauvaise volonté, de cette impuissance ? Qu'au lieu de s'obstiner à créer une colonisation en dehors de tous les principes économiques, on nous donne la terre à mettre en valeur, des routes et des chemins de fer pour la circulation des produits, et nous nous chargerons de défricher et de bâtir. C'est là notre affaire à nous autres colons : nous nous en tirons à meilleur compte que l'Etat. Quant aux individus qui ne sauraient pas s'en tirer, l'Etat a le droit, en Afrique comme en France, de les renvoyer à l'école de ceux qui le savent. Il n'est nullement obligé à faire la besogne pour ceux qui en sont incapables. C'est à ceux-ci à amasser, en travaillant chez les autres, les ressources ou les connaissances nécessaires pour exploiter à leur tour une concession.

D'où vient donc ce peu de sympathie pour la colonisation libre, cette pensée constante d'opérer par des fonctionnaires avec les fonds du Trésor ? Pourquoi vouloir absolument défricher l'Algérie aux frais des contribuables de

France, lorsque l'industrie privée offre de s'en charger et de fournir les capitaux, moyennant de la terre en quantité convenable ? On comprend le recours à l'Etat de la part des personnes qui ne croyent pas à l'arrivée de nombreux colons ; mais M. de Chancel se défend aujourd'hui d'avoir dit que les colons se refusent à venir. Il ne me conteste nullement que chaque année une bonne partie de ces colons ne reparte pour la France. Il avoue que ni ses collègues ni lui n'ont actuellement de terres disponibles. Je le remercie de cette déclaration, et j'en prends acte.

Il est donc avéré que si le nombre des colons croît aussi lentement, ce n'est point aux colons qu'il faut s'en prendre, puisqu'il n'y a plus de place faite pour de nouveaux arrivants. Je n'ai eu que trop de raisons de dire que si la masse des émigrants de l'Europe, souvent gourmandée parce qu'elle préfère se diriger vers l'Amérique, voulait se rendre en Algérie, l'administration serait forcée de l'arrêter, parce que, avec sa façon actuelle de procéder, elle ne peut déjà suffire à caser ce qui arrive.

On avait lieu de s'attendre à ce qu'à la vue de l'étroit espace livré jusqu'ici à la colonisation et d'une émigration française forcée, par suite, de refluer vers sa source, M. de Chancel exprimât un regret. Il y trouve au contraire une occasion de monter au Capitole pour rendre grâces aux Dieux.

« Je serais, *Dieu merci !* dit M. de Chancel, fort embarrassé, comme M. de Saint-Maur me le fait observer, s'il me fallait trouver dans le territoire que j'administre quelques hectares de broussailles encore disponibles. »

« Cet embarras, que partage l'administration algérienne et dont elle peut *tirer quelque vanité*, ce me semble, car s'il ne lui reste plus rien à donner, c'est qu'elle a tout donné ; cet embarras ne sera que momentané, grâce aux mesures qui sont prises pour étendre son territoire : cantonnement..... »

On ne saurait prendre plus facilement son parti d'un état de choses auquel beaucoup de personnes en France ne voudraient certainement pas croire, s'il n'était attesté par M. de Chancel. Il resterait cependant â répondre â cette question : tout ce que l'administration avait était-il bien tout ce qu'elle eût pu avoir avec un peu de diligence !

Un homme qui possède plus de 200,000 livres de rente, sollicité par une dame en faveur d'une œuvre de charité, répondit : Je regrette, madame, de ne pouvoir vous remettre une offrande, mais je consacre tous les ans 20 francs à mes aumônes et les 20 francs de cette année sont déjà placés.

Cet homme, comme l'administration algérienne, avait, suivant lui, tout donné. Comme elle aussi, pouvait-il *en tirer quelque vanité ?* Je laisse M. de Chancel en décider.

On promet que cet embarras ne sera que momentané, grâces aux mesures prises pour le cantonnement. Dieu le veuille, mais je ne puis oublier que depuis quatorze ans j'entends toujours parler de ce cantonnement. Or, dans le courant du mois dernier, une circulaire de Son Exc. M. le gouverneur général déclarait que les instructions données à ce sujet « sont restées sans aucune suite, ou n'ont amené que des résultats à peu près insignifiants. » Les colons le savaient parfaitement, mais ne pouvaient guère se risquer à le dire. Il est permis aujourd'hui de le rappeler après M. le gouverneur général, qui ajoutait quelques lignes plus bas : « Cette question du cantonnement des indigènes a pourtant une importance immense, et l'on peut dire qu'elle domine l'œuvre entière de la colonisation. »

J'ai lu cette déclaratiôn avec bonheur, et néanmoins lorsqu'on se reporte à toutes les déclarations de ce genre qui ont été faites antérieurement, on se demande quand celle-ci portera enfin des fruits.

L'opinion publique en France s'imaginait assez naturellement que l'Algérie ne se peuplait pas plus vite, parce que les émigrants ne venaient pas. De là, dans les journaux, à la tribune, dans les livres, des plans sans nombre de colonisation, partant tous de cette idée que la population européenne hésitait à se rendre en Afrique et que l'œuvre capitale était de l'y décider. Peu de personnes, hors du cercle des colons, savaient que les demandes de terres, le nombre des arrivants, dépassaient de beaucoup la place qui était préparée. Lorsque les colons s'en plaignaient, le public refusait de les croire. Comment supposer en effet que, sur les 13,000,000 d'hectares à demi déserts du Tell, il n'avait pas encore été donné 300,000 hectares à la colonisation européenne ? Comment croire que la distribution de moins de 300,000 hectares en vingt-sept ans avait suffi pour épuiser l'activité de l'administration, et que celle-ci se trouvait aujourd'hui les mains vides ?

Or, voici qu'il est constaté par sa propre bouche :

Qu'elle serait embarrassée pour trouver maintenant quelques hectares à concéder, et qu'il lui faut pour cela attendre le cantonnement ;

Que les mesures prescrites pour arriver à ce cantonnement si important « sont restées sans aucune suite ou n'ont amené que des résultats à peu près insignifiants. »

Et c'est de résultats de ce genre que M. de Chancel prétend tirer quelque vanité ; c'est après d'aussi laborieux efforts qu'il essuie la sueur de son front et qu'il se tresse une couronne !

Les colons, du moins, ont le droit de s'en laver les mains. Leur affluence a constamment embarrassé l'administration ; leurs demandes de terres encombrent les bureaux, et ce n'est pas leur faute si elles y restent.

Pour railler la colonisation, on a dit qu'elle marchait comme les tortues de l'Algérie ; elle a marché du même pas que la distribution des terres et plus vite que le cantonnement.

Il est vrai que pour l'avenir M. de Chancel réclame des millions d'hectares. A ses yeux comme aux miens, dit-il, les auxiliaires dont la colonisation a besoin sont les capitaux et l'espace. Si j'y ajoutais les nègres, nous serions presque d'accord ; malheureusement, en le voyant déjà embarrassé pour caser les émigrants blancs, je ne puis comprendre le besoin qu'il éprouve de se mettre encore sur les bras 100,000 noirs.

Mais la main-d'œuvre manque, m'objecte t-il. Je lui ferai remarquer que ce serait là d'abord un fait bien étrange dans une contrée où il y a plus d'arrivants que de place pour les recevoir.

Dois-je en outre lui remettre en mémoire, qu'en rappelant une phrase citée par moi, « Ce ne sont pas les bras qui manquent à la terre, » il a ajouté; qu'ai-je dit autre chose?

Du reste, quand bien même je lui concéderais le manque de main-d'œuvre, l'accord ne se ferait pas entre nous. Je demanderais alors des bras à l'émigration européenne, des encouragements pour cette émigration. Je solliciterais peut-être l'envoi de 100,000 orphelins, ayant notre couleur et notre religion, qui coûteraient moins et vaudraient mieux que des nègres, car dans le cas d'une insurrection arabe, on n'aurait pas à craindre de les voir fournir à l'ennemi cent mille auxiliaires, ne fût-ce que pour se désengager. Aussi je m'étonne que ceux des colons qui se plaignent du défaut de main-d'œuvre ne se préoccupent pas davantage de cette question des orphelins; mais, à coup sûr, comme agriculteur, je ne demanderais pas des nègres pour deux raisons principales : l'une, parce que si l'on arrivait au moyen de 100,000 nègres et d'énormes sacrifices du trésor, à abaisser artificiellement les salaires, on ferait faire fuir les ouvriers blancs qui déjà repartent en grand nombre, et que l'on serait réduit aux nègres ; l'autre, parce qu'en allant au fond des choses, on s'apercevrait que leur emploi ne serait pas plus économique que celui des blancs. Cela peut ne pas importer beaucoup à M. de Chancel qui semble faire surtout de son projet une question de philantropie; mais pour moi qui suis convaincu, qu'à ce point de vue comme aux autres, ce projet n'offre que des illusions, je ne suis nullement tenté de faire à ces illusions le sacrifice de mes intérêts. M. Duval qui a si bien traité cette question, jugera-t il à propos de prendre encore la défense de la vraie philantropie, je l'ignore. Pour mon compte, je me renferme dans ma spécialité d'agriculteur, et je reprends l'affirmation qui se reproduit toujours. « La main d'œuvre manque, les salaires sont trop élevés. »

Les affirmations sont faciles, mais ne prouvent pas.

J'ai rappelé que, hors le temps de la moisson, beaucoup d'ouvriers manquaient d'ouvrage et repartaient pour la France, faute de pouvoir gagner leur pain; qu'en une seule année ces retours avaient atteint le chiffre de 22,000.

J'ai mentionné les moissonneurs attirés par M. le préfet d'Alger qui ont regagné leurs foyers en maudissant l'Afrique, parce que le plus grand nombre n'avait pu trouver, même au plus fort de la moisson, les salaires qu'ils auraient reçus chez eux. M. Garbé a attesté que, tandis qu'il était préfet d'Oran, il était assailli de plaintes relatives au manque de bras, alors même qu'il était forcé de distribuer des secours et d'organiser des ateliers de charité pour les ouvriers sans travail. J'ai ajouté que personne n'employait plus d'ouvriers que moi, que je les payais à un taux très-acceptable, inférieur à celui de plusieurs parties de la France, et que, malgré mon éloignement de tout centre de population, j'en trouvais bien au delà de mes besoins.

Mon courrier d'Afrique m'annonce, à la date du 16 juin 1858, que l'on est chez moi en pleine moisson. Le personnel ordinaire européen, une moissonneuse, soixante Marocains sont à l'œuvre, et l'on refuse des ouvriers. Je ne demanderais pas mieux que d'envoyer ces derniers chez mes contradicteurs : mais les ouvriers connaissent parfaitement leur adresse; s'ils ne s'y présentent pas, c'est qu'ils pensent avoir des raisons pour cela.

J'ai conclu qu'il est permis de dire *en général* que l'on trouve des ouvriers en *nombre suffisant* et à *un taux raisonnable*, lorsque ces ouvriers sont *bien traités, régulièrement payés et constamment occupés*. On se tait toujours sur les faits cités, on se tait sur les chômages et les retours vers la France, sur la question de *l'occupation régulière* des ouvriers, question capitale dans la discussion. On affirme toujours que les bras manquent; est-ce seulement pendant l'époque des grands travaux, ou bien durant l'année entière ! On ne veut pas s'expliquer. Il faudrait pourtant, si l'on tient à établir la situation vraie, mettre de côté les réticences.

A mon tour je ne crains pas d'affirmer qu'il y a des propriétaires qui ont toujours des ouvriers et d'autres qui en manquent toujours, qui en manqueraient, lors même que l'Algérie serait inondée d'ouvriers. On comprend que, pour ces derniers propriétaires, des nègres qui ne seraient pas libres de choisir leur maître auraient un mérite tout particulier.

Beaucoup de colons ne voient dans le projet de M. de Chancel que des magasins de noirs, suivant l'expression aussi juste que pittoresque de M. Duval, magasins qui seraient tenus aux frais de l'Etat, et dans lesquels ils puiseraient à leurs moments de besoin, sauf à réintégrer le lendemain. M. de Chancel est trop bon administrateur pour accepter pareille chose; et cependant, sans cette espérance assez peu déguisée, j'affirme encore que son projet compterait beaucoup moins de partisans.

D'autres colons rêvent d'échanger la vie laborieuse de l'Algérie contre la molle existence des créoles; ils se voient déjà les bras croisés, n'ayant plus qu'à regarder travailler leurs nègres. Les coups de trique qu'ils ne se gênent guère pour administrer aux Arabes qui ont le malheur de croiser leur chemin, réveilleraient au besoin la paresse des noirs, et dans leur pensée ils comptent bien se jouer de toutes les mesures protectrices, de tous les règlements de l'administration.

M. de Chancel serait trop humain pour le tolérer. Mais que la plupart de ceux qui demandent avec lui des nègres soient bien convaincus qu'il leur faudrait laisser de côté le bâton, et ils s'empresseront de lui laisser ses nègres. Autant ils seraient disposés à les exploiter à l'aide de moyens expéditifs, autant ils se montreraient peu désireux de faire leur éducation par les voies lentes de la douceur. Ils ont sous la main des Arabes, et néanmoins il ne les emploient guère, parce qu'ils les trouvent nonchalants. Les nègres sont plus nonchalants encore; ils le savent parfaitement, et cependant ils en demandent. Pourquoi?

Parce qu'ils s'attendent à les traiter comme on ne leur permettrait pas de traiter les Arabes.

On décorerait le procédé du nom générique de moyens coercitifs, moyens dont on se chargerait de démontrer la nécessité. Qu'importent après tout, dirait-on, quelques coups de plus ou de moins donnés à des noirs, pour les civiliser. Le bâton n'en ferait jamais périr autant que la traversée du désert, et le bâton, d'ailleurs, n'a-t-il pas joué toujours un grand rôle en Afrique.

Aux termes du projet, l'engagé se trouverait dans une situation plus fâcheuse que celle de l'esclave, car l'esclave représente un capital que son maître a intérêt à ménager. L'engagé, au contraire, ne serait qu'un instrument prêté, dont on aurait tout avantage à tirer le plus possible et que l'on userait sans crainte, puisqu'on n'aurait point à en rembourser la valeur. Je ne saurais jamais le dire assez haut ; ce serait livrer des hommes à des risques que personne ne consentirait à faire courir à ses chevaux.

Les tribunaux auraient à juger de tristes choses et Dieu en verrait encore bien plus.

Il faudrait peu connaître la situation générale des colons pour se flatter que l'administration pût exercer un contrôle efficace. Si aux colonies on arrive à ce contrôle, entre elles et l'Algérie la différence est profonde. Là, en effet, l'administration n'a affaire qu'à de grands propriétaires, riches et par conséquent responsables, habitués d'ailleurs de longue main, par le régime de l'esclavage, à manier les noirs, à en user sans abuser, comme d'un patrimoine. Les nègres y sont groupés par agglomérations nombreuses sur des exploitations organisées de façon à leur fournir en toute saison une occupation régulière. On comprend que dans ces conditions la surveillance soit possible ; mais trouve-t-on rien de semblable en Algérie. Les grands propriétaires y forment l'exception, et ce n'est pas sur les exceptions que l'on raisonne.

Comment suivre des nègres éparpillés sur des milliers de petites concessions, et que dire au colon à qui l'on reprochera de mal nourrir ou de mal payer ses engagés, lorsqu'il répondra, à tort ou à raison, qu'il a lui-même grand peine à vivre. On ne cesse d'exalter les avantages de la petite propriété. Il faut admettre aussi qu'elle a ses difficultés particulières.

Des ateliers de nègres entre les mains de l'Etat, je les comprends ; mais entre celles des colons, pour mille raisons, la chose n'est pas possible.

Le travail forcé sous le bâton, l'exploitation de la race noire par la race blanche avec ses brutales convoitises, voilà tout ce qu'il y aurait au bout du projet de M. de Chancel, en dépit des noms honorables invoqués par l'auteur, qui prend plus d'un compliment de politesse pour un assentiment Les colons y voient plus clair, et beaucoup rient sous cape de la bonne foi de M. de Chancel. On répétera après lui, à l'adresse de ceux qui voudront bien s'en payer, les grands mots d'humanité, de moralisation, de religion ; mais ce n'est pas là ce qui émeut le public algérien qui se pique assez peu de faire des conversions.

M. de Chancel croit-il, du reste, que tous ceux qui demandent des nègres seraient bien sérieusement décidés à en prendre ? S'il était possible d'ouvrir pour les amateurs de noirs une liste sur laquelle on ne fût porté qu'après avoir souscrit l'engagement formel d'en employer, il en jugerait bien vite, et ce serait le meilleur moyen de terminer la question ; qu'il en fasse débarquer une cargaison sur le quai d'Alger, je leur garantis un succès pareil à celui des moissonneurs de M. le préfet.

M. de Chancel raille vertement M. Bonnemain, qui est, dit-il, de mon avis, parce qu'il se trouve sur ses terres cinq ou six nègres du genre connu au Sénégal sous le nom de Griots, et dont la vie se passe à râcler le gouguy, à danser la bamboula. Comment l'auteur du projet, qui croit tellement facile d'agir sur les nègres qu'il ne demande que deux ans pour métamorphoser ceux qu'il fera venir du fond du Soudan, a, depuis longues années, sur son propre territoire, cinq à six nègres (et il s'en trouve bien d'autres) qui donnent un exemple pareil. Mais vite, pour l'honneur des nègres, et pour se faire la main en attendant les cent mille autres, il faut appliquer ces fainéants au travail.

Ils sont libres, m'objectera peut-être M. de Chancel : c'est une difficulté, j'en conviens. Cependant examinons. Suivant la loi française, tout esclave est libre dès qu'il met le pied sur le territoire français : donc les nègres du Soudan seront libres aussi. Sans doute, répondra M. de Chancel, mais ils seront engagés au travail. Hé bien, pourquoi n'engagerait-on pas aussi les Griots. Sur ce terrain glissant de l'engagement, un pas de plus ne doit pas être bien difficile à faire. La persuasion, un peu aidée des gendarmes, ne saurait manquer de réussir, et d'ailleurs, à quoi bon des scrupules : ne serait-ce pas pour leur plus grand bien. Le projet n'hésite pas à faire venir, toujours pour leur plus grand bien, des bandes de nègres à travers 500 lieues de désert, au risque d'en perdre deux sur trois dans les misères inexprimables du voyage. Les Griots qui sont tout rendus n'auraient rien à craindre de ce genre, et ils jouiraient d'un si grand bonheur en travaillant pour les colons. S'ils ne s'en étaient guères soucié jusqu'ici, c'est qu'ils n'avaient pas lu les riantes descriptions de M. de Chancel, qui s'écrie en parlant des nègres arrachés au Soudan. « Heureuses gens, quand ils se reporteraient par le souvenir vers leur case paternelle! » Si pourtant, quoiqu'engagés parmi ces *heureuses gens*, des Griots à l'esprit mal fait, voulaient se reporter, autrement que par le souvenir, vers cette case dans laquelle le temps se passait à danser la bomboula ; si le son du gouguy, rantz des vaches d'un nouveau genre, ne les poussait pas précisément vers le travail, que ferait-on? Eh bien, on ferait....., on ferait comme pour les autres nègres, et les gendarmes redoubleraient de moyens de persuasion.

M. Bonnemain jugeant des nègres par ceux qu'il connait, ne fait pas grand fond sur les engagés que l'on nous promet; il aurait tort sans doute, si comme le prétend M. de Chancel, il avait imité l'Anglais qui, sur la vue des cheveux de son hôtesse, déclarait rousses toutes les femmes de Tours. Cet Anglais, du reste, pouvait au moins indiquer une chevelure à l'appui de cette opinion, et M.

Bonnemain, suivant M. de Chancel, raisonnerait d'après cinq à six nègres. Mais M. de Chancel, d'après quoi raisonne-t-il? N'enchérit-il pas encore sur le « précédent naïf » de l'Anglais, lui qui ne pourrait montrer en Algérie un seul nègre libre qui n'imitât pas de son mieux les Griots.

Comme secrétaire général de la préfecture d'Oran, M. de Chancel a administré un très-gros village de noirs, situé à la porte de la ville et que j'ai vu improviser en 1844. A-t-il jamais pu tirer de ses habitants un parti utile? et pourtant les nègres qu'il nous annonce doivent régénérer l'Algérie. Seront-ils donc d'une race supérieure, ou bien M. de Chancel possède-t-il un spécifique merveilleux qui les transformerait à coup sûr? Les colons qui sont gens pratiques en ont un en vue, dont je n'ai pas fait mystère, plus énergique que légal, cela est vrai, mais enfin il en ont un. Quant à M. de Chancel, qui s'empresserait de les en désarmer, a-t-il bien quelque chose à mettre à la place ? Est-il sûr de préserver sans cela les nègres nouveaux venus de la contagion de la bamboula et du gouguy? et s'il n'arrivait qu'à nous doter de cent mille Griots de plus, la belle revanche que M. Bonnemain pourrait prendre !

Que M. de Chancel se tienne sur ses gardes. Il a garanti aux colons que ses nègres, pour un franc par jour, fourniraient de la besogne pour deux francs au prix actuel. Les colons seraient des créanciers exigeants et lui feraient d'autant moins grâce, qu'en les empêchant de stimuler les nègres à leur guise, il aurait assumé toute la responsabilité du travail. J'admire son courage s'il ne s'effraie pas des comptes qu'il aurait à régler.

La main d'œuvre à bon marché, il y a là sans doute quelque chose de bien séduisant pour nous tous colons qui ne fesons pas de gros bénéfices. Mais dans ce pays du mirage, on devrait savoir se garer des illusions. Les nègres, dit-on, ne seraient payés qu'un franc. Un franc, soit; mais un franc d'un bout de l'année à l'autre, 365 francs par an, et pour le grand nombre de colons qui, pendant six mois ne gardent pas d'ouvriers, cela revient à payer 2 fr.

par jour. A-t-on songé d'ailleurs aux désagréments de toute nature qui peuvent résulter d'un engagement de huit ans passé avec un noir pris comme un billet à la loterie et dont on ignore l'aptitude et le caractère. Que sauront faire des nègres qui ne connaissent ni notre langue, ni nos outils, ni nos procédés de culture, qu'il faudrait dégrossir et façonner à nos usages, et dont l'engagement expirerait avant que l'on en fût venu à bout. Aux colonies du moins les engagements sont de quinze ans. Aussi, je me trompe fort, ou les colons seraient encore plus pressés que les noirs de se désengager.

Sans doute l'agriculture en Algérie a été jusqu'ici bien peu lucrative. Mais aussi, combien elle est mal faite en général : des céréales, toujours des céréales, se succédant, sans engrais, presque sans repos, sur des terres grattées à peine, à la façon des Arabes. L'argent manque, me dira-t-on, pour faire mieux. Je ne sais que trop combien la colonisation est dépourvue des capitaux, sans lesquels il ne saurait y avoir d'agriculture fructueuse. Une lourde responsabilité pèsera sur les hommes qui s'obstinent à l'entraîner dans cette voie, en poussant de préférence au morcellement du sol, et qui, uniquement préoccupés de condenser la population comme on masserait des troupes, la précipitent dans la misère, oubliant qu'à la différence du soldat, le colon n'a pas derrière lui l'intendant pour le nourrir, et que la difficulté de tirer sa subsistance d'un lot de terre est d'autant plus grande que ce lot de terre est plus petit. Loin de moi la pensée de reprocher à la colonisation une situation agricole qui découle fatalement d'un système imposé et contre lequel je n'ai cessé de protester ; mais je puis bien dire aux agriculteurs mes confrères qu'ils n'ont rien de bon à attendre de l'arrivée de mauvais ouvriers, qui feraient de la culture plus mauvaise encore. Mieux vaut ne pas faire que faire mal, car alors on fait inévitablement à perte. Il y a plus de bénéfice net à faire très-bien qu'à faire très-grand, et tel cultivateur qui ne noue pas les deux bouts dans une culture de 10 hectares, eût gagné de l'argent s'il eût concentré sur 5 hectares son temps, ses façons et ses soins. Il n'y a nulle contradiction, il y a, au contraire, un rapport étroit entre l'idée de restreindre les cultures et celle d'agrandir les concessions. Autre chose est d'ensemencer plus d'hectares que l'on ne peut en bien façonner, d'épuiser ses terres faute de fumier et de repos, autre chose de posséder un plus grand nombre d'hectares pour nourrir plus de bestiaux, ménager le sol par une longue rotation et donner successivement à la portion qui doit porter récolte une somme plus grande d'engrais et de travail. Au bout de l'une des voies s'ouvre la ruine, et la position d'une foule de colons l'atteste ; au bout de l'autre, arrivent lentement, mais sûrement, l'aisance et la prospérité.

En 1856, année médiocre pour la contrée que j'habite, ma récolte totale de blé dur donnait une moyenne générale de 15 hectolitres par hectare. A côté, sur les mêmes terres, mes bergers arabes à qui je prêtais des semences et des bœufs, mais qui gardaient leurs procédés et leurs charrues, obtenaient à peine 6 hectolitres. En 1857, 97 hectares en blé tendre me rendaient 2,360 hectolitres, soit en moyenne 24 hectolitres environ par hectare. Je pourrais accumuler les faits de ce genre : ce que je viens de citer dit assez si l'on gagne à faire certaines économies sur la main-d'œuvre et sur le travail.

Je crois avoir suffisamment démontré ailleurs que la rareté de la main-d'œuvre est chose locale et momentanée pour attendre que l'on réponde autrement que par une simple affirmation contraire. J'en viens à l'allégation beaucoup plus sérieuse : « Les salaires sont trop élevés.»

Cette phrase peut avoir deux sens : veut-elle dire, trop élevés, eu égard aux besoins légitimes des ouvriers, ou trop élevés, eu égard à ce que le maître peut payer? Lui donne-t-on l'un ou l'autre des deux sens, ou bien tous les deux à la fois! Je regrette que l'on ne se soit pas mieux expliqué, et je me vois forcé d'envisager les deux sens.

« Que M. de Saint Maur soit assez riche, dit M. de Chancel, pour payer la main-d'œuvre 2 50 et 3 fr., par jour, d'art à 5 et 6 fr.; qu'il soit assez intelligent pour tirer grand profit de la main-d'œuvre et qu'il déclare n'avoir pas besoin de la main-d'œuvre nègre, cette heureuse exception n'infirme point les faits argués depuis plus de 300 ans dans les deux Amériques et dans une partie de l'Asie, exclusivement fécondées par le travail des noirs, et il ne s'ensuit pas absolument que l'opinion personnelle du planteur d'Arbal ait valeur de chose jugée pour tous ses collègues en colonisation. »

Je remercie M. de Chancel du compliment, mais je ne puis l'accepter. Je ne me crois en rien une exception, et l'opinion du planteur d'Arbal ne lui est pas toute personnelle; seulement ceux de ses collègues qui approuvent font moins de bruit que ceux qui se plaignent, et puis, peut-être ne sont-ils pas fort désireux de voir leur opinion mise, comme celle de M. Bonnemain, à la suite du précédent naïf de l'Anglais.

S'il s'agissait « des deux Amériques ou d'une partie de l'Asie, » je ne sais si je raisonnerais autrement; mais nous sommes en Algérie, et l'analogie des situations ne me semble pas bien clairement démontrée.

J'ajouterai que je ne paye pas chez moi la main d'œuvre d'art 5 et 6 fr., et que d'ailleurs ce ne serait probablement pas celle-là que nous apporteraient les nègres ; que, de plus, ce n'est qu'en 1857, et pendant un mois seulement de la moisson, que j'ai été obligé d'élever les salaires à 3 fr.

Maintenant, M. de Chancel, qui m'a fait l'honneur de visiter mon exploitation, a-t-il trouvé que l'on y donnât dans le luxe? La croit-il une de ces fantaisies que l'on se passe comme une loge à l'Opéra? Voudrait-il m'expliquer comment je serais assez riche, sans être insensé, pour payer la main-d'œuvre à un taux qni ne pût être celui des autres propriétaires ? Que je sois assez intelligent pour comprendre que la bonne agriculture demande de bons ouvriers, et que les ouvriers qui procurent le plus de bénéfice à leur maître ne sont pas toujours ceux qu'il paye le moins, c'est possible, mais je n'ai pas grand mérite, car je l'ai appris des bons agriculteurs. Comme propriétaire et comme père de famille, j'aurais deux fo tort, si, dans un établissement où la production est montée sur une telle échelle que, pour les céréales, elle atteint, comme l'année dernière, 6,300 hectolitres, et où les frais annuels, pour la main-d'œuvre seulement, dépassent 100,000 fr. je négligeais une réduction sur ces frais qui fût honorablement praticable. Ce n'est pas avec l'argent de l'Etat que je fais marcher mon exploitation, et son titre, purement honorifique, de ferme modèle, m'impose, d'accord avec le bon sens comme avec mes intérêts, l'obligation d'offrir le modèle d'une agricu'ture produisant le plus et dépensant le moins possible. Si riche que me fasse M. de Chancel, je le prie de croire que je ne repousse nullement la main-d'œuvre nègre par dédain de la main-d'œuvre à bon marché. Tout au contraire, je ne me juge pas encore assez riche pour me permettre une expérience aussi coûteuse que le serait l'emploi de ses engagés.

Voyons maintenant si les salaires des ouvriers sont exagérés, eu égard à leurs besoins légitimes.

Les familles agricoles qui ont la chance de trouver sur une exploitation le logement, un travail régulier pour le mari, fréquent pour le reste des membres, et qui n'ont besoin de personne pour leur cuisine, leur blanchissage, l'entretien de leurs vêtements, arrivent, si elles ont de l'ordre, à réaliser des bénéfices assez ronds. Leur situation économique est infiniment supérieure à celle du reste de la population ouvrière : aussi, en peu d'années, deviennent-elles souvent propriétaires à leur tour, à moins que, douées de bon sens et de calcul, elles ne préfèrent s'en tenir pour quelque temps au rôle de fermier qui fait produire bien plus à leur petit capital. Elles pourraient supporter une réduction de salaires, et c'est d'elles qu'il y aura lieu, lorsqu'elles seront en assez grand nombre, d'attendre la main-d'œuvre à plus bas prix. Malheureusement, on s'occupe trop peu en général de leur préparer des installations, parce que ces installations sont plus coûteuses que celles d'ouvriers célibataires que l'on entasse dans le premier local venu. Aussi, ces familles qui portent avec elles le salut de l'agriculture, loin d'être recherchées par beaucoup de propriétaires, ont-elles souvent une peine infinie pour se caser. Il leur faut parfois disséminer leurs membres et renoncer ainsi à l'économie qui résulterait de la vie commune.

Quant aux ouvriers célibataires, aux familles de journaliers logées chez elles, la recette balancée par la dépense, ne laisse pas d'ordinaire au bout du mois un bien gros excédant. Sans doute, en Algérie comme en France, on pourrait souhaiter à un grand nombre des habitudes plus régulières et plus rangées. Mais lorsque, préoccupé du prix de la main-d'œuvre, j'ai, à diverses fois, étudié en détail leur modeste budget, il en est ressorti que les loyers, le prix de la nourriture dans les cantines, le blanchissage plus élevé parfois pour une chemise grossière que pour une chemise de luxe à Paris, le raccommodage si mal fait et si dispendieux que souvent il y a meilleur compte à acheter du neuf, les frais de maladie, et par dessus tout les chômages, réduisent trop souvent à bien peu de chose ce qui reste de salaires qui semblaient élevés. Il existe d'ailleurs un fait incontestable que j'ai rappelé et qui domine toute la question : celui des milliers d'ouvriers qui repartent chaque année, faute de pouvoir gagner leur pain.

Ce fait suffirait à démontrer que les ouvriers sont loin de gagner autant qu'on veut bien le dire, et d'être en mesure d'imposer aux propriétaires, par une sorte d'entente, de coalition, des salaires exagérés. Ce serait là cependant la seule raison légitime d'une intervention de l'Etat dans une question de salaires. Je ne prétends pas évidemment que sur un point donné, pendant un moment de travail pressé, comme celui de la moisson, des ouvriers n'essayent jamais de faire la loi aux propriétaires. Mais lorsque, la moisson finie, ces mêmes propriétaires mettent des masses d'ouvriers à la porte, sans abri et sans pain, ils font bien aussi la loi et le trouvent tout naturel. Les conditions sont alors tour à tour dictées par ceux que la force des choses constitue les maîtres du moment, et qui parfois en abusent tour à tour. Il en serait autrement si l'on voulait enfin comprendre qu'un pays ne peut s'assurer une population agricole qu'à la charge pour l'agriculture d'occuper cette population pendant les douze mois de l'année; et si les propriétaires étudiaient en conséquence la combinaison de leurs cultures. Malheureusement, en Algérie, on veut absolument se mettre au-dessus de toutes les lois économiques, et l'on n'aboutit qu'à tomber dans tous les genres d'arbitraire ·

De l'ensemble de la situation, il ne me semble pas résulter qn'il y ait lieu maintenant à une réduction des salaires. Cette réduction, si désirable cependant pour une agriculture qui doit exporter beaucoup, et par conséquent lutter de prix sur des marchés lointains, n'est pas impossible pour toujours, mais ne saurait venir que de l'installation de familles nombreuses, pouvant, grâce aux conditions économiques de la vie de famille, louer leurs bras à meilleur compte, parce qu'elles vivraient elles-même à meilleur marché.

M. de Chancel me demande d'opposer à son projet quelque chose d'aussi loyal et de plus pratique. Je lui demande de mon côté, en faveur de cette combinaison véritablement agricole, l'appui de son brillant talent.

Beaucoup de propriétaires la comprennent aussi bien que moi; mais pour employer des familles, il faut varier et organiser ses cultures de façon à être en mesure d'utiliser leur travail; il faut leur construire des logements relativement coûteux, et la dépense arrête. En ceci comme en toutes choses, nous retrouvons l'inévitable besoin des capitaux qui, au grand détriment de l'Algérie, se vengent par leur absence du dédain qu'ils ont rencontré dans quelques régions officielles.

Il y a loin de cette solution qui respecte tous les droits, concilie tous les intérêts, au projet de peser, avec l'argent de l'Etat et l'aide de 100,000 nègres, sur la population ouvrière blanche pour la contraindre à donner son travail à plus bas prix, au risque de la mettre dans l'impossibilité de vivre et de l'amener à quitter le pays. Si, comme propriétaire, je puis souhaiter la main-d'œuvre à bon marché, comme homme, je ne dois pas spéculer et prétendre fonder ma fortune sur la misère de ceux qui n'ont que leurs bras. Aussi, je repousse de toute l'énergie de ma conscience une combinaison qui ne tendrait qu'à amener, au profit exclusifs des maîtres, un abaissement de salaires artificiel et forcé.

Reste la dernière proposition ; les salaires sont-ils trop élevés, eu égard à ce que le maître, ou en d'autres termes l'agricuture peut payer ?

Là se trouve le véritable nœud de la question.

Un tel problème est éminemment complexe, car il y a la bonne et la mauvaise agriculture ; ce que l'une peut, l'autre ne le peut pas toujours. Dans ma conviction, les salaires sont lourds, je le reconnnais, mais acceptables pour la bonne : ils sont écrasants pour la mauvaise. A quel taux faudrait-il les réduire pour que celle-ci fît ses affaires, nul ne pourrait le déterminer.

S'il y a une chose reconnue de tous les cultivateurs, c'est que, dans des conditions identiques, tel d'entre eux s'enrichit là où tel autre se ruine. Diminuez pour ce dernier la rente de la terre, le prix de la main-d'œuvre, et souvent vous n'arriverez pas pour cela à le tenir à flot. Il ne sait pas s'y prendre, vous diront ses voisins ; il n'était pas né pour le métier. Et les voisins auront profondément raison ; car l'agriculture, chose difficile s'il en fut jamais, n'est pas le lot de tout le monde : elle exige des aptitudes spéciales, l'activité, le jugement, l'ordre et la suite appuyés sur l'expérience. La science même, malgré tous les services qu'elle lui rend, n'y suffit nullement, et un homme parfaitement capable de faire un livre, pourrait être un détestable chef d'exploitation. Aucun praticien n'exigera que j'en apporte la preuve.

Malheureusement pour eux et pour l'Algérie, beaucoup de colons ne s'en doutent guère. Etrangers jusque-là à la culture, ils lui ont un beau jour confié des capitaux, sans initiation et sans conseils. Ils s'étonnent de ne pas réussir dans ce métier qui leur semblait tout simple, un vrai métier de paysan, comme si, à défaut de mieux, les paysans n'avaient pas du moins la routine. Ils s'en prennent au pays, aux prix de main-d'œuvre, à la paresse des ouvriers, à tout, excepté à la vraie cause de leur non-réussite.

D'autres colons connaissant mieux leur affaire, mais, trahis par leurs ressources, ou même n'en ayant jamais eu, se trouvent avec des terres et des dettes. Ils avaient rêvé une fortune rapide, des spéculations, et se voient réduits aux lentes opérations, au patient labeur de l'agriculture. Les ouvriers leur coûtent beaucoup trop cher, car il faudrait leur donner des écus qu'ils n'ont pas. Les nègres, pensent-ils, se payeraient d'une tout autre monnaie ; donc les nègres sont indispensables. Avec eux, tout deviendra facile : on réussira sans argent, on réussira sans soins et sans travail. Ce serait pour tout le monde du nouveau, l'inconnu avec ses vagues espérances ; pour quelques-uns de l'eau trouble, dans laquelle il y aurait peut-être moyen de pêcher.

Je ne parle pas ici du petit colon, de celui qui porte ce qu'on a surnommé l'uniforme de dix hectares. Plus habitué à chercher des salaires qu'à en donner, il ne réclame pas contre le taux actuel.

Pense-t-on qu'en France, les cultivateurs, contraints à faire face à l'impôt, à la rente du sol, à des charges de toutes sortes, n'aient pas également de gros salaires à payer ; depuis moins de dix ans, ces salaires se sont bien élevés d'un quart. Pense-t-on que tous ceux qui se mêlent d'agriculture réussissent, que personne ne s'en prenne aux salaires et ne désire leur abaissement. On ne s'est pas avisé pourtant de recourir aux noirs, et l'on a pris le parti beaucoup plus sûr de s'ingénier à faire produire plus à l'hectare, à mesure qu'il en coûtait plus cher pour le cultiver.

On se plaint, en Algérie, de donner aux ouvriers 2 fr. à 2 fr. 50 c. ; mais en France 2 fr. 50 est un taux courant pour les travaux des chemins de fer, et pour beaucoup de départements. On se plaint de payer 3 fr. des moissonneurs, 3 à 4 fr. des faucheurs, qui, les travaux de ce genre une fois finis, restent souvent sans ouvrage ; mais dans un rayon fort étendu autour de Paris, où certes la population ne manque pas, les moissonneurs à la tâche gagnent parfaitement de 4 à 6 fr. par jour, et il serait difficile de trouver à moins de 5 fr. un faucheur à la journée. Pour tons ces ouvriers, cependant, il n'y a pas comme en Afrique, de longs chômages dévorant tout le le gain de la journée de travail. Dans la vallée du Rhône et la Provence, les salaires de 3 fr. sont communs et montent pour les arracheurs de garance à 4, 5 et 6 fr.

A cela on répond que les ouvriers d'Afrique font moins de besogne. Il y a quelque chose de vrai. Cependant, depuis un certain nombre d'années, j'ai fait moissonner bien des centaines d'hectares à la journée, et qui plus est, à la faucille, la plupart de nos ouvriers ne sachant pas manier la faux; le prix de revient par hectare s'est balancé entre 30 et 35 fr.; or, ces prix sont justement ceux d'une partie de la France pour l'hectare à la tâche, ce qui prouve que ces ouvriers d'Afrique à la journée ne travaillaient pas déjà si mal. J'ai vu plusieurs fois couper les blés dans les environs d'Oran pour 22 et 24 fr.; le taux, cette année, n'y dépasse pas, je crois, 30 fr., et dans ce moment même, je paye chez moi le prix de 30 fr. pour un assez bon nombre d'hectares donnés à l'entreprise.

Veut-on que les ouvriers travaillent en Afrique à meilleur compte qu'en France; mais alors ils n'auront rien de mieux à faire qu'à retourner chez eux.

Parce qu'on s'est pris à rêver des noirs impossibles, il ne faudrait pas pourtant dénigrer les ouvriers blancs. Jusqu'ici des maîtres ont parlé seuls et parlé tout à leur aise de l'exagération des salaires, de la mauvaise qualité des ouvriers, oubliant que le talent d'un chef d'exploitation comme d'un chef d'armée est de savoir tirer parti de ce qu'il a sous la main, et que la valeur d'une troupe emprunte beaucoup à celle de son général. Si, à leur tour, des ouvriers prenaient la parole, et ils en auraient le droit puisqu'on les met si fort en cause, ils pourraient bien prétendre que tous les torts ne sont pas de leur côté, qu'ils ont leurs raisons pour ne pas vouloir travailler dans telle ou telle maison, et que le prix de la main-d'œuvre n'entre pas pour grand chose dans les embarras de certains propriétaires. Nous risquerons beaucoup de donner aux agriculteurs de France qui trouvent moyen de s'arranger avec leur monde sans l'intervention de l'Etat, l'idée que nous sommes un peu novices en Algérie; que les propriétaires qui échouent avec les blancs échoueraient de même avec les noirs, et qne nous aurions besoin, avant tout, d'apprendre à marcher comme en France avec les ressources du pays.

En somme, ce que l'on veut obtenir d'un abaissement des salaires se résume dans un abaissement des prix de revient. Ce dernier abaissement peut être amené par des voies diverses, car il y a plusieurs moyens d'agir sur les prix de revient sans toucher aux salaires, qui n'en sont qu'un des éléments. Que l'on suppose un hectare de blé ayant coûté 200 francs de culture et rendant seulement 10 hectolitres, le prix de revient de l'hectolitre sera de 20 francs ; il ne serait que de 10 francs si l'hectare eût rendu 20 hectolitres.

Pour obtenir ainsi des abaissement de prix de revient au moyen d'une augmentation dans le produit, il ne faudrait souvent, en Algérie, que dépenser très-peu en plus, afin de faire la besogne mieux et surtout plus à temps.

Les Américains, dans la question du coton, nous apprennent à quel bon marché on parvient à obtenir un produit : 1º en poussant la culture de ce produit jusqu'à la perfection ; 2º en appliquant à cette culture, avec intelligence, mais largement, tout l'argent dont elle a besoin. Ils peuvent vendre avec bénéfice à un taux inabordable encore pour nous, et pourtant je ne crois nullement que l'Algérie paye les journées plus cher que la Caroline et la Géorgie. Dans ces deux Etats, un noir coûte six à sept mille francs. L'intérêt des capitaux est à 12 ou 15 pour 0/0, et de plus un capital placé en viager sur la tête d'un nègre doit recevoir un amortissement. Or en ne calculant l'intérêt qu'à 10 0/0 et sans tenir compte d'un amortissement, on trouve, pour un prix d'achat de six mille francs, un intérêt de 600 fr. à répartir annuellement sur 300 journées au plus de travail, car on ne travaille pas le dimanche; ce qui porte déjà à 2 fr. le coût de la journée de travail. En y joignant la nourriture de l'esclave pendant 365 jours et son entretien, on arrive bien vite à une somme égale au moins à 2 fr. 50 c. Ainsi ce dernier chiffre, qui a été indiqué plusieurs fois, et notamment par M. de Choiseuil, consul de France à Charlestown, comme le prix de revient de la journée de l'esclave, ne représente bien que ce prix de revient, et non le prix de location d'une journée. L'accroissement de capital résultant de la multiplication de la famille de l'esclave ne détruit pas ce calcul, car il a à faire face à l'amortissement, et de plus, la famille n'existe pas toujours.

Pourquoi donc, ne payant pas au delà de ces 2 fr. 50 c., et n'étant pas en outre obligés de garder tous les ouvriers à leur charge pendant l'année entière, bien traités d'ailleurs par le sol et le climat, les planteurs de coton d'Algérie ne peuvent-ils encore tenir tête aux planteurs d'Amérique. Parce que, à raison de leur inexpérience, ils ne savent pas, du même nombre de journées rétribuées au même prix, obtenir une aussi forte quantité de coton. En cela, comme en beaucoup de chose, notre agriculture souffre du défaut de savoir-faire, et pour elle, des nègres seraient de tristes médecins.

En terminant, je n'hésite pas à conclure que l'intérêt de l'Algérie ne serait pas « le complice » du projet d'introduction des noirs.

J'ai, à contre-cœur, opposé des considérations prosaïques à toute la poésie de M. de Chancel; mais cette poésie, habituée à s'inspirer au désert, lui a par trop emprunté son mirage. Assez d'ossements blanchis indiquent sur les sables ce que coûte la poursuite des illusions. La colonisation doit être plus prudente. Au lieu de tourner les yeux vers les sauvages profondeurs de l'Afrique, elle fera mieux de les porter vers l'active et industrieuse Europe. Ce n'est pas de la barbarie, mais de la science unie au travail qu'elle apprendra à tirer parti des merveilleuses ressources que le sol et le climat ont mis entre ses mains.

JULES DU PRÉ DE SAINT-MAUR.

Impr. de Schiller aîné, 11, faub. Montmartre.

www.ingramcontent.com/pod-product-compliance
Lightning Source LLC
Chambersburg PA
CBHW061632060726
47597CB00005B/1894